PREDSTAVLJAMO BOJE MLADIM UMOVIMA

RAINBOW ROY

JUNIOR DUGA

BOJE MAČKI

Duga je ispunjena svim vrstama boja.

Zajedno ćemo istraživati boje i učiti o mačkama.

CRVENA

Crvena, poput abesinske mačke.

NARANČA

Narančasta,
poput pjegave
mačke.

ŽUTA

BOJA

Žuta, kao sijamska mačka.

ZELENA

Zeleno, poput očiju egipatske Mau mačke.

PLAVA

Plava, kao ruska
plava mačka.

INDIGO

Indigo, poput ove igračke za mačke.

LJUBIČASTA

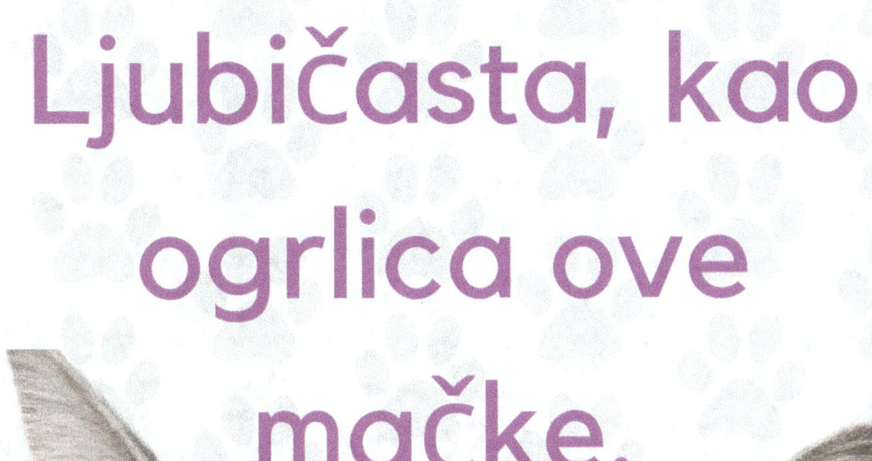

Ljubičasta, kao ogrlica ove mačke.

Sada, pogledajmo
neke druge boje,
izvan duge!

RUŽIČASTA

Ružičasta, poput sfinks mačke.

SMEĐA

Smeđa, poput bengalske mačke.

BIJELA

Bijela, poput
turske angore.

CRNO

Crna, poput bombajske mačke.

SIVA

Siva, poput
britanske
kratkodlake.

Sada, da vidimo što ste naučili!

Koje je boje ova mačka?

Ova mačka je
narančasto bijela.

Koje je boje ova mačka?

Ova mačka je siva.

Koje su boje ove mačke oči?

Oči su mu žute.

Ti si tako pametan! Uvijek učite i nikada ne zaboravite svoju ljubav prema učenju.